AF309882

LE
MEXIQUE

PAR

MICHEL CHEVALIER

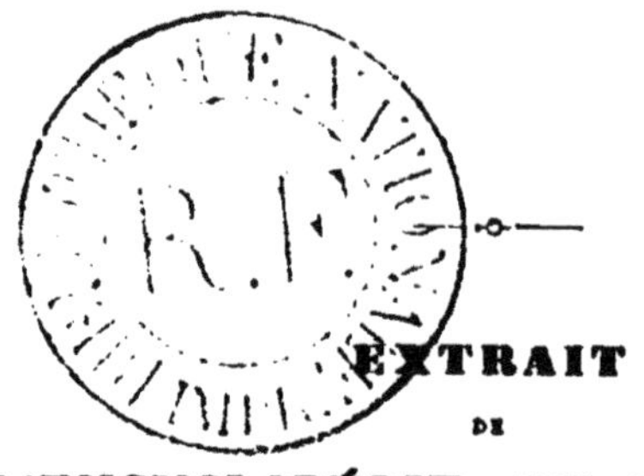

EXTRAIT DE

L'ENCYCLOPÉDIE DU XIXᵉ SIÈCLE

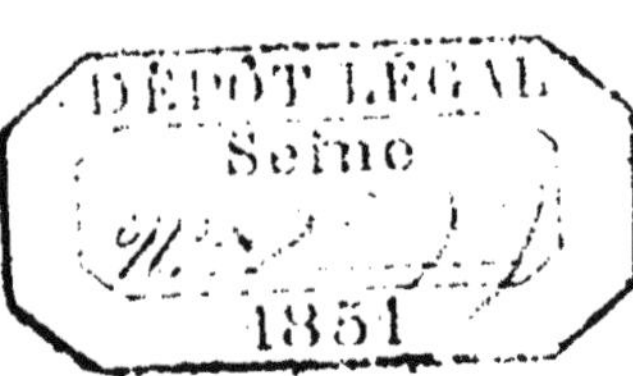

PARIS

IMPRIMERIE DE MAULDE ET RENOU

Rue Bailleul, 9-11.

1851

LE

MEXIQUE

Le Mexique ou Nouvelle-Espagne est borné à l'est par l'Océan Atlantique, à l'ouest par l'Océan Pacifique, au midi par l'Etat de Guatimala, au nord par les États-Unis. Il est compris entre 15° et 34° de latitude septentrionale, 89° et 121° de longitude à l'Occident du méridien de Paris.

La configuration du pays a un caractère qui le rend commodément habitable par la race blanche dans la presque totalité de son étendue,

malgré la proximité de l'équateur : il forme un
plateau exhaussé au dessus de la mer. La chaîne
des Andes, après avoir traversé l'isthme de Panama , s'élève subitement à partir de la ligne
qui unit la rivière de Goazacoalco, tributaire de
l'Atlantique, au port de Tehuantepec, situé sur
l'Océan Pacifique, et s'élargit en même temps
de manière à occuper la majeure partie de l'espace compris entre les deux mers. Le plateau
ainsi suspendu au-dessus de l'Océan parvient,
à Mexico, à 2,300 mètres. La plaine de Mix-
tecapan, située plus au midi, est à 1,500 mètres. La plaine de Toluca, située à l'ouest, est
à 2,700 mètres. Un peu plus au nord que Mexico
le terrain se rabaisse, mais en restant toujours
à une remarquable élévation. C'est ainsi que la
large et fertile vallée de Chihuahua, et même
les prairies plus septentrionales doivent être
considérées comme le prolongement du plateau
mexicain. Grâce à cette élévation, quoique l'on
soit dans ce qu'il est convenu d'appeler la zône
torride, on n'est pas incommodé par la chaleur.
A Mexico, malgré la latitude de 19°, il est com-
mun de porter du drap, et les Européens y font
volontiers du feu pendant quelques jours, en
janvier et février.

Sur ce plateau élevé, l'on trouve des montagnes d'une très grande hauteur. Tels sont surtout deux grands volcans : le pic d'Orizaba
(5,295 mètres au dessus de la mer), et le Popocatepetl (5,400 mètres); telle encore l'Iztaccihuatl, montagne attenante au Popocatepetl
(4,786 mètres); tels le coffre de Perote (4,088
mètres), et le Nevado de Toluca (4,621 mètres).
Mais ce sont des cimes isolées qui ne conti-
nuent pas la crête des Andes. Si quelque chose
pouvait être regardé comme le prolongement de
la Cordillère centrale, ce serait le bourrelet
formé par la Sierra Madre qui passe à l'Occident

de Mexico. On rencontre bien sur le plateau des vallées qui courent vers la mer, mais c'est seulement vers les bords du plateau que les creux qu'elles offrent sont séparés par de grands reliefs.

A part quelques accidents, le plateau mexicain, dit M. de Humboldt, est si peu interrompu par les vallées, et il a une pente si uniforme et si douce que jusqu'à la ville de Durango, située à 625 kilomètres de Mexico, le sol reste constamment élevé de 1,700 à 2,700 mètres au dessus de l'Océan voisin. C'est la hauteur des passages du Mont-Cénis, du Saint-Gothard et du grand St-Bernard. Le plateau mexicain conserve ainsi sa hauteur extraordinaire, même en s'étendant vers le nord bien au delà du tropique du Cancer. On peut estimer qu'il va de 18° à 40° de latitude. C'est une distance égale à celle qu'il faudrait parcourir pour aller de Lyon jusqu'au tropique en traversant et la Méditerrannée et le grand désert africain. Sur le plateau du Mexique, sans que les hommes se soient mis en frais pour faire des chemins, les voitures roulent depuis Mexico jusqu'à Santa-Fé, capitale de la province du Nouveau-Méxique, qui est détachée aujourd'hui de la République; c'est une longueur de 2,200 kilomètres.

Le Mexique offre ainsi cette particularité que, dans la région équinoxiale, les trois cinquièmes de sa superficie ont un climat tempéré ou même froid. Une haute température ne s'y rencontre que sur la pente par laquelle le plateau se rattache au rivage de la mer. Sur ces terrains ainsi adossés au plateau, à mesure que l'on descend vers la mer, la température moyenne s'élève et les cultures se rapprochent de ce qui caractérise communément la zone torride. C'est le bananier, c'est le coton, le sucre, le café, le cacao, c'est cet ensemble de fruits à haute saveur, et de plantes embaumées qui ne viennent qu'avec un soleil ardent. Sur le plateau, le blé et le maïs sont les cultures dominantes. Toutes les productions de l'Espagne, de l'Italie, de la France y réussiraient parfaitement si l'on prenait la peine de les cultiver.

La pente qui rattache le plateau à la mer étant rapide, la succession des végétaux naturels et des cultures l'est aussi. Les villes du plateau, là où il a peu de largeur ou, lorsqu'il est large, celles qui sont situées près des bords, ont ainsi la faculté de se pourvoir aisément, malgré des communications très défectueuses, d'une immense variété de fruits et de tous autres produits végétaux. La ville de Mexico, sous ce rapport, est admirablement située. Appuyée aux montagnes neigeuses du Popocatepetl et de l'Iztaccihuatl, et très peu éloignée, par l'ouest, de la rampe qui descend vers l'Océan Pacifique, elle a, ou pourrait avoir, tous les fruits, tous les légumes, toutes les plantes possibles, depuis le lichen d'Islande jusqu'à l'oranger, la banane et l'ananas, depuis le pin de Norwége jusqu'au palmier.

Sous le rapport du climat, de la température et de la culture, le sol mexicain, entre les tropiques, se partage nettement en trois parties. L'étage inférieur que baigne la mer est ce qu'on nomme la terre chaude (*tierra caliente*). Il a la température et la végétation de la zône torride. Au dessus s'étend la région tempérée (*tierra templada*) qui se distingue par une température moyenne de 18 à 20°, et où les variations du thermomètre n'ont que 4 à 5° d'amplitude. Cette région qu'on admire, à Xalapa, par exemple, possède la végétation active et vigoureuse, riche et variée de la côte, sans en avoir l'atmosphère embrasée, les myriades d'insectes et les miasmes empestés qui donnent naissance à la fièvre jaune. On y respire l'atmosphère pure du plateau sans en subir les passagères fraîcheurs, la sécheresse, la végétation parfois rabougrie, et l'air vif dangereux aux poitrines délicates. C'est, quand il y a de l'eau, un paradis terrestre où les saisons se confondent dans un printemps perpétuel. Par dessus la terre tempérée se déploie la terre froide (*tierra fria*), ainsi nommée par l'analogie que, sur plusieurs points, des hommes venus de l'Andalousie durent trouver qu'elle offrait avec le climat assez cru des Castilles ; mais les expressions de froid et de chaud n'ont pas de valeur absolue. Les Français, les Anglais et les Allemands transportés au Mexique dans la terre froide, s'y jugent dans un climat très doux. La température moyenne de Mexico, et de la majeure partie du plateau d'Anahuac (c'est le nom que portait autrefois l'espace qui est borné au nord par le tropique), est de 17°. C'est seulement un peu moins que celle de Naples et de la Sicile ; et les variations y sont, comme partout entre les tropiques, bien moindres que dans notre zône. Dans la saison la plus froide la chaleur moyenne du jour est encore de 13 à 14°, et en été le thermomètre, à l'ombre, ne monte pas au dessus de 26°.

Il n'existe peut être pas sur le globe un autre pays dont la configuration soit aussi particulière que celle que nous venons d'esquisser. En Europe, les terrains élevés qui se développent en grandes plaines n'ont guère plus de 400 à 800 mètres au dessus de l'Océan. Le plateau des Castilles est à 600 mètres environ ; en France, le plateau des départements du centre d'où surgissent le Mont-Dore, le Puy-de-Dôme et le Cantal, est à 720 mètres. Et puis, ni la Castille, ni le plateau central de la France n'ont la mer tout près, à leurs pieds. Dans les parties de l'Amérique méridionale qui sont le moins éloignées de l'isthme de Panama, le terrain est re-

levé aussi à une grande hauteur au dessus des
mers. L'élévation non seulement des pics mais
des plaines y est plus grande encore qu'au
Mexique. La ville de Santa-Fé-de-Bogota est
assise sur un plateau de 2,658 mètres de hauteur. Caxamarca, l'ancienne résidence de l'inca
Atahualpa, est de 2,860 mètres. Les plaines
d'Antisana sont à 4,100 mètres; c'est 389 mètres
de plus que le sommet du pic de Ténériffe. Mais
cette élévation extraordinaire, si c'est une sin-
gularité plus grande, est aussi un désavantage;
car il en résulte que le climat est plus rigou-
reux; et surtout la végétation bien moins active. Au Mexique même, tout ce qui est au dessus
de 2,500 mètres manque pendant l'été de cette
chaleur passagère que nous avons en Europe
dans nos régions plus septentrionales et qui
mûrit nos fruits. A égalité de température
moyenne, un pays situé loin des tropiques a
pour la culture une grande supériorité sur les régions tropicales. Entre le plateau mexicain et
les contrées élevées de l'Amérique méridionale,
il y a cette autre différence désavantageuse à
celle-ci, que les plaines de l'hémisphère aus-
tral sont plutôt des vallées longitudinales en-
fermées entre deux branches de la Cordillère,
tandis qu'au Mexique c'est la croupe même de
la chaîne qui forme le plateau. D'où il suit que
dans le sens de la largeur, c'est-à-dire perpendi-
culairement à l'équateur, les plaines de l'Amérique du sud sont bornées en étendue. Elles le
sont dans l'autre sens par une autre cause : le
pays est déchiré par d'immenses crevasses ou
vallées transversales dont la profondeur va quelquefois jusqu'à 1,400 mètres, et qui opposent
aux communications des obstacles presque in-
surmontables. En résumé, selon M. de Humboldt,
chacun des plateaux de l'Amérique du sud n'a
pas au delà de 40 lieues carrées (75,000 hectares).

Ils forment, pour ainsi dire, des îlots isolés au milieu de l'Océan aérien. Le commerce et les relations sont très difficiles de l'un à l'autre.

Le côté faible du Mexique, ce sont les cours d'eau. Il n'y en a pas, ou il y en a à peine. Ceux qui existent sont des torrents dont, pendant la belle saison (qui, comme aux Antilles, répond à notre hiver), il n'y a aucun parti à tirer pour la navigation, ni même pour l'arrosage des terres; ils sont alors presque tous à sec. Le cours d'eau le plus remarquable du Mexique, le Rio-Bravo del Norte, autrefois en plein dans le pays, actuellement frontière des États-Unis, est loin des régions habitées. Au midi, le Guazacoalco, qui est un beau fleuve, n'est pas davantage à la portée des districts populeux. Il paraît cependant certain qu'autrefois, avant la conquête, ses bords étaient couverts d'habitants. Le fleuve de Santiago, qui va déboucher dans l'Océan Pacifique, près du port de San-Blas, est moins séparé des villes et des lieux cultivés. Heureusement, pendant la saison des pluies, qui dure tout notre été, chaque jour la terre mexicaine est abondamment arrosée dans l'après-midi. Les réservoirs naturels qui alimentent les sources s'emplissent alors, de même que les bassins disposés par les hommes pour assurer un approvisionnement d'eau à l'agriculture. Plusieurs lacs sont épars çà et là dans le pays. Le plus remarquable est celui de Chapala qui a plus de 300,000 hectares. C'est le double du lac de Constance. Il est situé dans la partie peuplée du plateau, médiocrement loin de Guadalaxara. Il faut signaler aussi ceux qui forment un réseau auprès de la ville de Mexico. Ce sont les cinq lacs de Tezcuco, de Xochimilco, de Chalco, de San-Christoval et de Zumpango; ils occupent ensemble une superficie de 44,000 hectares.

Du côté de l'Océan Atlantique, le Mexique est

très mal pourvu de ports. La Vera-Cruz, qui est le port le plus fréquenté du pays, est un mouillage peu sûr. Des navires y ont péri à l'ancre : tel fut, à la fin du siècle dernier, le sort du vaisseau de ligne *La Castilla*, qui était cependant attaché par neuf câbles au château de Saint-Jean d'Ulua. Le port de Tampico est très médiocre, il manque de fond. Il n'y a sur cette côte que l'embouchure du Guazacoalco où il serait possible d'avoir un bon abri avec un assez grand tirant d'eau. Mais c'est trop loin du plateau. Sur l'autre versant, au contraire, on compte plusieurs bons ports. San-Blas et Acapulco sont des ports magnifiques. Le dernier est un des plus admirables bassins que le navigateur rencontre dans le monde entier.

Le Mexique n'a, à vol d'oiseau d'une mer à l'autre, que 220 kilom. à l'isthme de Tehuantepec. A Mexico la largeur est de 550 kilomètres (toujours à vol d'oiseau). Entre les ports de San-Blas et celui de Tampico, elle est de ß25 kilom. A la hauteur de Durango, elle est de 1,000 kilom. Au midi de l'isthme de Tehuantepec, le continent s'élargit de manière à former la péninsule du Yucatan, pour se rétrécir ensuite.

Ainsi à cheval sur les deux Océans, avec sa capitale médiocrement éloignée de l'un et de l'autre, le Mexique est à portée des deux extrémités de l'ancien continent, très favorablement placé par rapport à l'Europe et par rapport au Japon ou à la Chine. De tous les passages possibles pour une communication entre les deux Océans, au travers de la chaussée de 2,300 kil. de long et plus ou moins hérissée de cimes montagneuses qui, sous le nom d'isthme de Panama, relie l'un à l'autre les deux massifs du nouveau continent, le passage du Guazacoalco à Tehuantepec est le plus septentrional, le plus à portée de l'Europe et des États-Unis.

Pour les Américains du nord surtout, c'est incomparablement celui qui abrégerait le plus le voyage. Il ne faut pas s'étonner si en ce moment il excite un si vif intérêt parmi les populations entreprenantes de l'Union américaine. L'étude d'un canal maritime suivant cette direction a été faite en 1843, à la diligence de M. Garay, qui en avait obtenu la concession, par M. Moro, ingénieur italien. La publication du rapport de M. Moro annonce un travail soigné. Il en résulterait que le canal proprement dit, entre Tehuantepec et les eaux navigables du Guazacoalco, n'aurait que 80 kilom. On améliorerait le Guazacoalco, de son embouchure jusqu'au confluent du Malatengo, de manière à le rendre praticable pour des bâtiments de mer. On assure que ce serait facile. La distance est de 258 kilom. avec les détours. Le bief de partage, situé sur le plateau de Tarifa, serait à 200 mètres seulement au dessus de l'Océan. Provisoirement il est vraisemblable qu'aujourd'hui on substituera au canal un chemin de fer, si l'on exécute par là quelque chose.

Ce pays du Mexique, admirablement pourvu d'avantages naturels, était réuni en majeure partie, avant la découverte de l'Amérique, en un empire où la race dominante était celle des Aztèques. Ce peuple possédait plusieurs des éléments d'une civilisation remarquable. La population était adonnée à l'agriculture et aux autres arts utiles. La base principale de son alimentation était le maïs. Le chocolat était un des breuvages favoris des Mexicains (le mot de chocolat est mexicain). Ils usaient d'une boisson fermentée, faite, non avec le jus du raisin (ils n'avaient pas la vigne), mais avec le suc du maguey (*agave mexicana*), espèce d'aloès qui était cultivée sur la plus grande échelle, et l'est encore aujourd'hui pour la même destination.

Ils s'habillaient d'étoffes de coton qu'ils savaient
fort bien tisser et teindre de belles couleurs ;
ils avaient l'éclatante cochenille que le Mexique
fournit aujourd'hui encore au monde entier.
Ils sculptaient les pierres les plus dures, fon-
daient et modelaient l'or et l'argent. Dans sa cor-
respondance avec l'empereur Charles-Quint,
Cortez s'extasie sur la beauté des ouvrages qu'ils
préparaient avec ces deux métaux. Ils possédaient des outils en bronze écroui qui rempla-
çaient passablement l'acier ; cependant la plupart de leurs instruments tranchants étaient en
obsidienne, pierre d'origine volcanique. On voit
par les lettres de Cortez et par les récits de ses
compagnons, qu'ils avaient de grandes villes
bien bâties, contenant de vastes palais, de magnifiques jardins et des temples érigés au sommet de pyramides massives. Ils cultivaient les
lettres et comptaient des poètes parmi lesquels
on peut signaler le roi Nezahuacoyotl, qui offre plus d'une ressemblance avec le roi David ;
comme ce dernier il enleva une Bethsabé par les
mêmes moyens. Leurs annales étaient régulièrement conservées par le moyen d'une écriture
hiéroglyphique ; il paraît même qu'ils avaient
des caractères *phonétiques*, mais ils en usaient
peu. Ils faisaient des observations astronomi-
ques, et ils connaissaient la longueur de l'année
mieux que ne l'avaient jamais connue les Ro-
mains et les Grecs. L'empereur mexicain avait
ses courriers, sa police, ses diplomates insi-
nuants. Teutlile, envoyé à Cortez par Montezu-
ma, est assurément un personnage remarquable
par sa courtoisie et sa finesse. Les Toltèques,
sortis du nord, avaient les premiers, au milieu
du viie siècle, installé sur le plateau d'Anahuac
les sciences et les arts. D'autres migrations
y avaient successivement conduit d'autres peuplades septentrionales. Enfin, au commence-.

ment du xiii° siècle, étaient apparus les Aztèques, nation brave et fière qui, après avoir été
momentanément réduite en servitude, subjugua
toutes les tribus environnantes, et recula jusqu'aux deux mers et jusqu'à l'Amérique centrale les limites de sa domination. La civilisation telle que l'avaient organisée les Toltèques
était douce. Leurs idées générales, dont l'ensemble avait survécu à leur domination, étaient
bienveillantes et pures. Ils croyaient à un Dieu
incorporel, à l'immortalité de l'âme. Ils avaient
le dogme du péché originel. Ils pratiquaient la
confession. Les règles établies pour les mœurs
étaient très recommandables. Le mémoire de
Zurita, qu'a publié M. H. Ternaux dans sa belle
collection de documents américains, en fait
concevoir une idée avantageuse. Qu'on lise, par
exemple, les *Conseils d'un père à son fils* et *d'une
mère à sa fille* (page 132 du mémoire); c'est cu-
rieux et édifiant. La condition sociale des femmes
était relevée; et en cela c'était bien mieux que la
civilisation asiatique. Mais à ces excellents prin-
cipes et à ces pratiques charitables, à cette bien-
veillante équité des hommes les uns pour les autres, à ces ménagements et à ces honneurs pour
le sexe le plus faible, et qui sont regardés comme
la preuve la plus concluante de la culture sociale, les Aztèques, par une incroyable inspi-
ration, avaient mêlé après coup des coutumes
horribles, les sacrifices humains et les festins
de cannibales. Plus l'empire avançait en puissance, plus ils s'adonnaient à ces usages atroces.
Ils s'y livraient dans les derniers temps sur une
échelle immense. Témoignage singulier de la fai-
blesse de notre nature; ce n'était point par l'effet
d'un instinct bestial que cette épouvantable mode
se soutenait chez eux. Il semble qu'ils crussent
appliquer par là une doctrine dont le principe
se retrouve dans toutes les religions, celle de

l'expiation. On assure que c'était pour se concilier les Dieux ou en adoucir la colère qu'ils leur offraient des victimes, et l'homme leur paraissait, de toutes celles qu'on pouvait immoler, la plus précieuse, celle que les Dieux devaient le plus agréer. Logique abominable, exemple des excès auxquels le raisonnement peut conduire l'homme, lorsque nous n'y superposons pas comme une autorité absolue la sympathie pour nos semblables qui est notre plus bel attribut! Et ne vîmes-nous pas chez nous-mêmes, en 1793, les hommes investis du gouvernement, aboutir, pour s'être laissé conduire par une inflexible logique comme par une règle de fer, sans écouter les plus vulgaires sentiments d'humanité, à un système de terreur et de sang aussi affreux que le culte des Aztèques? L'auteur de la *conquête du Mexique*, Solis, place textuellement l'explication que nous venons de donner des sacrifices humains du Mexique dans la bouche de Magiscatzin, le plus vénéré des caciques de Tlascala. Dans un entretien avec Cortez, ce chef lui dit que ses compatriotes *ne pouvaient se former l'idée d'un véritable sacrifice, à moins qu'un homme ne mourût pour le salut des autres.*

Sous le rapport matériel, la civilisation mexicaine offrait une grande lacune que seules les communications avec d'autres peuples pouvaient réparer. Ils n'avaient aucune bête de somme, aucun quadrupède domestique grand ni moyen. Le bœuf, le cheval, l'âne, le chameau, leur manquaient; la nature, si prodigue d'ailleurs, les avait refusés à ces contrées; de même le mouton et la chèvre. Les Péruviens au moins avaient l'alpaca et le llama, dont ils tiraient parti pour porter des fardeaux. Quand on manque de bêtes de somme, il faut que l'homme en prenne la place; de là nécessairement, pour une partie des populations, l'existence servile. C'était une des ra sous pour lesquelles la condition des basses classes du Mexique était alors misérable.

Politiquement, le pays était soumis à un souverain investi d'un très grand pouvoir. Sous l'empereur il y avait une double aristocratie, l'une de prêtres, l'autre de nobles ; l'influence des premiers était prépondérante.

Nous n'avons pas à dire ici à travers quelles péripéties ce puissant empire mexicain fut renversé par Fernand Cortez. C'est un événement palpitant d'intérêt. On croit lire une œuvre de fantaisie, tant les proportions ordinaires de l'histoire y sont dépassées. Récemment M. Préscott, de Boston, en a donné le récit dans un ouvrage qui place haut son auteur, (*Conquest of Mexico*), et qui vient d'être traduit dans notre langue par M. Amédée Pichot. Le sujet avait déjà été mis sur la scène, car rien n'est plus dramatique, et il y a quelques années, M. Roux de Rochelle, en a fait un poème épique. Qu'il nous suffise de dire ici que l'entreprise de Cortez eut les caractères d'une croisade, et que c'est à cet esprit religieux non moins qu'au génie du chef qu'elle dût son succès. Débarqué en 1519, le soir du jeudi saint, Cortez était irrévocablement le maître de l'empire le 13 août 1521. Ce fut désormais le royaume de la Nouvelle-Espagne, gouverné par un vice-roi. Mexico démolie pendant le siège, fut rebâtie au même lieu avec magnificence. C'est peut-être encore aujourd'hui la plus belle ville du Nouveau-Monde, mais ce n'est plus à beaucoup près la plus populeuse.

D'effroyables barbaries avaient eu lieu à Cuba et surtout à Haïti, dès que des aventuriers espagnols s'étaient trouvés en contact avec la race rouge. Quand les frères Pizarre et Almagro envahirent l'empire des Incas, ils se déshonorèrent par des actes odieux et par une insigne mauvaise foi. Et puis eux et leurs soldats s'en-

lr'égorgèrent; on sait que tous les chefs de la
conquête du Pérou périrent par le fer des assassins ou par la main du bourreau. Mais au
Mexique, le génie et la grande volonté de Cortez maintinrent dès l'abord un certain ordre et
une parfaite fidélité au souverain. Nous ne dis-
simulerons pas qu'au Mexique des violences
aient été commises après la conquête. L'histoire est en droit, certes, de reprocher des
cruautés à Cortez lui-même. Mais pour juger
ce grand homme, il faut se reporter à cette
époque; il faut tenir compte des difficultés
de la position du conquérant; il faut voir
à quelles gens il eut affaire, ce que c'étaient
que ses compagnons et les colons qui vinrent
aussitôt se joindre à eux. Seul avec une poignée
d'hommes au milieu d'une nation belliqueuse,
dont les notables au moins supportaient impa-
tiemment la conquête et avaient leurs défaites
à venger, Cortez fut forcé d'être terrible, quelquefois impitoyable. C'est la loi de la guerre,
et c'est pour cela que la guerre est exécrable.
Sur des soupçons sans fondement, à ce qu'on dit,
il fit périr l'héroïque Quauhtemoctzin (Guatimo-
zin), quelques années après la prise de Mexico.

A l'honneur de l'Espagne dans ses rapports
avec le Mexique, il faut reconnaître que, auprès
des rudes et avides soldats qui entouraient
Cortez, il y eut dès l'abord, dans la personne
du vénérable père Olmedo, l'intervention cons-
tante d'une religion qui recommandait la mo-
dération et la clémence. Parmi les colons qui
accoururent ensuite, et au dessus d'eux, il y
eut un clergé dont les chefs, vigilants et charitables, interposèrent sans cesse la croix entre les oppresseurs et les opprimés. Les dé-
tracteurs du catholicisme ont indignement tra-
vesti la conduite de la cour d'Espagne et du
clergé espagnol au Mexique, envers les Indiens.

Fidèle au dernier vœu d'Isabelle, le cabinet de Madrid fut infatigable dans ses efforts pour soustraire la majeure partie des Indiens à la servitude qui avait pesé sur eux du temps des Aztèques, servitude que les *conquistadores* et les colons eussent volontiers perpétuée, et qu'ils rétablissaient tantôt par la violence, tantôt par la ruse. Pour les chefs et les nobles, envers lesquels il était naturel qu'on fût méfiant, l'ordre fut aussitôt d'être bienveillant toutes les fois que l'on croirait leur soumission sincère et qu'ils se seraient publiquement convertis. On devait leur conserver leurs fortunes et leurs propriétés. Au Mexique, comme dans toutes autres les colonies espagnoles, la noblesse indienne fut assimilée à la noblesse de Castille. Sous l'influence de cet esprit de fusion qu'aucune autre nation n'a montré dans le Nouveau-Monde, plusieurs des plus intrépides lieutenants de Cortez ne dédaignèrent pas de prendre pour épouses des mexicaines. Déjà à Tlascala, avant que l'expédition fût arrivée à Mexico, dès que l'alliance eut été contractée avec les gens de cette ville, Alvarado avait épousé la fille d'un cacique devenue chrétienne. Quelques unes des femmes auxquelles plus tard s'unirent les plus vaillants *conquistadores* étaient les veuves des chefs mexicains tués pendant la guerre. Elles apportaient à leurs nouveaux maris des dots considérables, ce qui montre qu'il n'y avait pas eu de confiscation systématique, même à l'égard des familles de ceux qui avaient combattu contre Cortez. On ne fut inexorable qu'envers les prêtres (*Teopixqui*). Tous ceux qu'on put prendre furent égorgés sur les plateformes de leurs temples sanglants. Pour les Espagnols, c'était faire subir à des assassins la peine du talion, car ces prêtres avaient pompeusement égorgé tous les prisonniers espagnols que les Mexicains avaient pu faire, devant les statues de

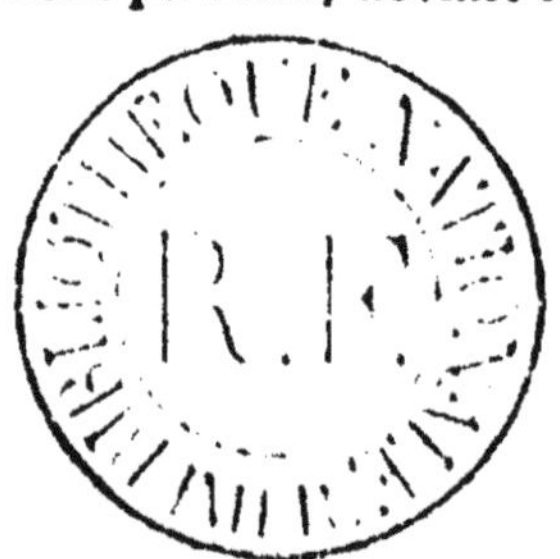

leurs dieux ; à leurs yeux, c'était aussi purger
la terre des plus hideux suppôts de Satan, car
jamais culte n'offrit un pareil nombre de victimes humaines. Quant à Cortez, il voyait dans
ces prêtres les instigateurs de l'effroyable guerre
par laquelle la conquête s'accomplit. Cortez
était établi à Mexico comme un ami, et Monté-
zuma s'était reconnu le vassal du roi d'Espagne,
lorsque les prêtres mexicains, irrités de ce que
Cortez entendait mettre fin aux sacrifices humains, avaient déterminé la rupture qui fut le
signal des plus terribles hostilités.

Le premier essai d'organisation régulière qui
fut légalement tenté après la conquête du Mexique fut une sorte de féodalité agricole qui déjà
était pour les populations soumises une garantie.
Après la conquête, au mépris des ordres de la
cour, on s'arrachait les indigènes, et chaque Indien
avait mille maîtres. On pensa qu'il valait mieux
qu'il n'en eût plus qu'un nominativement dési-
gné de Madrid. Les Indiens furent partagés entre
des domaines territoriaux appelés *encomiendas*.
C'étaient des espèces de fiefs où ils étaient dans
une position analogue à celle des vassaux atta-
chés à la glèbe. Les feudataires (*encomenderos*)
se bâtirent, non des nids de vautour comme
nos seigneurs du moyen-âge, pour y vivre bar-
dés de fer, mais de belles *haciendas*. Chaque
hacienda comprend une spacieuse maison d'ha-
bitation, une église et tous les édifices que com-
porte une exploitation agricole. Elle est entou-
rée d'un mur d'enceinte garni de meurtrières,
et quelquefois de créneaux, comme les cou-
vents de la Syrie. Les *haciendas* sont ainsi à
l'abri d'un coup de main. Mais ce ne sont pas
des châteaux forts ; ce qu'elles ont de militaire
est purement défensif. Ce fut une sage précau-
tion de les construire ainsi après la conquête,
et l'usage s'en est conservé. Les Indiens habi-

tent en dehors du mur d'enceinte, et, sous la protection de la *hacienda*, des maisonnettes en briques cuites au soleil.

Cette organisation féodale ne subsista pas long-temps. La plupart des familles des *conquistadores* s'éteignirent. A chaque extinction, c'était un fief qui n'était pas renouvelé. Préparés par l'éducation chrétienne aux conditions d'une vie moins dépendante, les Indiens furent ainsi appelés peu à peu à une existence où ils s'appartinrent à eux-mêmes. Ils cessèrent, par exemple, d'être astreints au travail des mines. Au moins depuis le milieu du xviii° siècle, le travail des mines était complétement libre au Mexique. Rien n'y rappelait la *mita* (travail forcé), qui, jusqu'à la fin, a été en vigueur au Pérou. Enfin, le roi Charles III abolit formellement ce qui restait des *encomiendas*. Si, à quelques égards, la loi persista à tenir les Indiens dans un état de mino-rité, s'ils restèrent, par exemple, inhabiles à contracter autrement qu'avec l'assentiment d'un tuteur, pour toute somme de plus de 5 piastres (27 fr.), c'était qu'on voulait les empêcher de tomber dans les piéges que les blancs leur ten-daient souvent, afin d'avoir un motif pour les réduire en servitude. C'était une fraude prati-quée constamment par les blancs, que de s'ar-ranger de manière à devenir les créanciers des Indiens. Par là, on acquérait un droit absolu sur leur travail, et à titre de débiteurs insolva-bles, on les avait désormais en servage comme c'était la loi autrefois à Rome. La cupidité de quelques corrégidors avait perfectionné cette espèce de traite. Ils faisaient, d'autorité, des ven-tes aux Indiens, et les pourvoyaient à des prix abusifs de chevaux, de mulets, de vêtements; ils les constituaient ainsi de force leurs débi-teurs. Comme expédient provisoire, la tutelle qu'on imposait aux Indiens avait donc eu primitivement son utilité; mais ce fut un tort de la perpétuer.

Les Indiens du Mexique restèrent de même toujours astreints à un tribut annuel; dans les derniers temps, ce n'était plus que de 3 piastres (16 fr.), dans quelques provinces d'une seule, et en moyenne de 2. En retour, ils étaient affranchis de l'*alcavala*, impôt sur les consommations qui était bien plus lourd. Ils avaient, en outre, à payer diverses taxes à l'autorité ecclésiastique. C'était, pour toute la vie d'un homme, 18 piastres environ dont, pour l'enterrement seul, c'était de 6 piastres.

Pendant la dernière moitié du xviii⁰ siècle, les vice-rois, les cours supérieures de justice (*audiencias*), les intendants, magistrats institués à cette époque, qui au nombre de douze, se partageaient l'administration intérieure, surveillaient efficacement les intérêts des Indiens. Le clergé n'avait jamais cessé de consacrer à cette cause des efforts intelligents. Par le concours de toutes ces forces, des sentiments équitables avaient pris le dessus. La condition des Indiens s'améliorait visiblement. Un très grand nombre arrivaient à la propriété. Il y en avait même de riches. M. de Humboldt cite une vieille femme qui mourut à Cholula, pendant qu'il visitait cette ville à souvenirs, laissant à ses enfants des champs de maguey pour plus de 360,000 fr., et diverses familles d'Indiens tributaires qui possédaient des fortunes de 800,000 fr. à un million. Circonstance qui atteste dans quel esprit de bienveillance et de progrès les Indiens étaient gouvernés; ils étaient admis dans les rangs du clergé; beaucoup de curés étaient Indiens.

La population se développait très rapidement au Mexique à la fin du xviii⁰ siècle, et au commencement de celui-ci, avant les guerres de indépendance. M. de Humboldt estimait qu'en

1810, elle se répartissait ainsi entre les différentes races.

Blancs	1,097,928
Indiens.	3,676,281
Métis.	1,338,706
Total. . . .	6,112,915

En 1824, il calculait qu'elle devait être de 7 millions. C'est encore l'estimation qu'adoptent divers auteurs; en gros ils répartissent ainsi le total : blancs, 1 million; indiens, 4 millions; métis, 3 millions.

Les relevés que M. de Humboldt a pu faire au moyen des registres des naissances et des décès, qui étaient régulièrement tenus par le clergé, et dont l'archevêque de Mexico lui fit donner communication, montrent que la population indienne était celle qui se multipliait le plus.

De grandes cités, fort bien bâties, étaient, dès le xviii° siècle, éparsés sur le territoire de la Nouvelle-Espagne. Mexico avait, en 1810, et a encore, 150,000 âmes ; Guanaxuato en avait 75,000; la Puebla de los Angeles, à peu près autant. La guerre civile avait diminué ces deux dernières villes, Guanaxuato surtout. Guadalaxàca en a aujourd'hui 70,000.

Les deux grandes industries du Mexique, les deux seules sous le régime colonial, furent l'agriculture et les mines. Elles n'étaient pas sans entraves. L'Espagne pratiquait envers ses colonies, dans toute sa rigueur, la politique restrictive qui était alors en honneur parmi tous les cabinets européens. La métropole se réservait de fournir les habitants des colonies d'articles manufacturés. La seule concession qu'on leur fit, consistait à permettre aux chefs de famille de produire, par le travail domestique, chacun pour soi, certains objets usuels. L'Angleterre, au xviii° siè-

cle, prétendait réglementer de la manière la plus
sévèrement restrictive l'industrie de ses colonies continentales ; on proposait au parlement
d'empêcher les habitants de la Pensylvanie, province très riche en minerai de fer, de produire
ce métal. Dans les provinces espagnoles, on allait plus loin. Il était défendu de se livrer à certaines cultures dont le bénéfice était réservé à
la métropole. Rien de plus aisé que de cultiver
la vigne et l'olivier sur le plateau mexicain ;
mais il était posé en principe que la Péninsule
devait fournir au Mexique le vin et l'huile. L'accès du pays était hermétiquement fermé aux
étrangers, quels qu'ils fussent. Il fallut une au-
torisation spéciale pour que M. de Humboldt pût
faire dans les colonies espagnoles, le grand
voyage qui a été si profitable à la science.
Le commerce même avec la métropole et les
possessions espagnoles n'était permis que par
deux ports, celui de Vera-Cruz pour l'Espagne ;
celui d'Acapulco pour les Philippines, par où
l'on était en rapport avec la Chine ; et de toute
l'Espagne, deux villes seules, Cadix et Séville,
avaient le monopole du commerce avec le Mexique. Les commerçants de ces deux cités pre-
naient leurs aises à l'égard de cette belle colo-
nie. Tous les trois ou quatre ans seulement, les
navires chargés de marchandises partaient de
Cadix en *flotte*. L'achat de tout ce qu'ils apportaient était entre les mains de huit ou dix maisons de México, qui exerçaient aussi le monopole. Il se tenait alors une foire à Xalapa, et l'approvisionnement d'un vaste empire se traitait,
dit M. de Humboldt, comme celui d'une place
bloquée. Ce fut seulement en 1778, que l'on mit
fin à ce régime abusif. L'honneur de cette ré-
forme, qui changea la face du commerce mexicain, est dû au roi Charles III. Quant au commerce avec l'Asie, par Acapulco et les Philip-

pines, il s'est borné jusqu'à la fin à un seul navire par an, le *galion*, bâtiment de 1,500 tonneaux, commandé par un officier de la marine royale.

Le Mexique produisait du blé, dont il exportait un peu ; du coton et du sucre, qu'il aurait pu expédier en plus grande quantité, car le sol de la *tierra caliente* mexicaine convient parfaitement à ces deux productions; de la cochenille, de la vanille, quelques drogues, telles que la salseparéille et le jalap qu'on récolte aux environs de Xalapa ou Jalapa. Mais l'exportation principale était l'argent, avec un certain appoint en or.

Les mines d'argent du Mexique, faiblement exploitées sous les Aztèques, qui étaient peu avancés en métallurgie, avaient pris un grand développement après que le mineur mexicain Medina eût découvert le procédé de l'amalgamation à froid, qui permet de retirer, sans feu, le métal des minerais les plus pauvres; découverte précieuse en un pays où le bois est rare. Les mines d'argent du Mexique sont très nombreuses; elles le deviennent de plus en plus à partir de Guanaxuato, à mesure qu'on s'éloigne vers le Nord. C'est ce qu'a exposé M. Saint-Clair Duport, dans un ouvrage important (*Production des métaux précieux au Mexique*). Inférieures d'abord à celles du Pérou, parmi lesquelles, à la fin du xvie siècle, et au commencement du xviiie, on distinguait surtout le Potosi, les mines du Mexique les égalèrent d'abord, et les surpassèrent ensuite. A la fin du xviie siècle, l'extraction du Potosi était tombé à 17,000,000 de francs, soit le tiers de ce qu'il avait donné au temps de sa splendeur. Les mines du Mexique, au contraire, ont suivi une proportion constamment ascendante, jusqu'à ce que la guerre civile y entravât ou y suspendît les travaux. Au commencement

du xviiie siècle, elles rendaient 27 millions
de francs (le mot franc doit se traduire par
4 grammes et demi d'argent fin ou 29 centi-
grammes d'or, selon qu'il s'agit de l'un ou de
l'autre métal). Cinquante ans plus tard, elles
étaient à 65 millions : c'était plus que le Pérou.
En 1775, elles atteignirent 85 millions ; en 1788,
107 ; en 1795, elles furent à leur apogée ; elles
fournirent 130 millions et restèrent à peu
près à ce point jusqu'en 1810. Dans cette extraction, l'argent dominait au point d'en former
les 9/10 en valeur, ou en poids 140 kilogram.
contre 1. A l'ouverture du xixe siècle, on peut
calculer que le Mexique donnait constamment
538,000 kilog. d'argent, et 1,600 kilog. d'or, ce
qui faisait en tout, 125 millions. Le Pérou, y
compris le Potosi (qui en était détaché depuis
1778), ne rendait alors que 60 millions ; l'Amérique entière, que 225. Actuellement le Mexique
rend 460,000 kilog. d'argent et 3,700 kilog. d'or,
faisant ensemble 115 millions ; le Pérou et le
Haut-Pérou, ou Bolivie, donnent ensemble
60 millions ; l'Amérique tout entière 208 millions.

La supériorité acquise aux exploitations du
Mexique, a tenu moins à la richesse intrinsèque
des mines, qu'à la configuration du pays. La plupart des mines sont dans des contrées fertiles où
la vie est facile, ou du moins elles ont auprès
d'elles des centres de culture. Celles de Guanaxuato sont dans un délicieux climat. Au Pérou,
au contraire, les mines occupent des lieux glacés
à cause de leur élévation extrême, où les arbres
refusent de croître. Les abondantes mines de
Pasco sont dans les régions ardues où le fleuve
des Amazones prend sa source, à plus de 4,000
mètres de hauteur. La mine de Gualgayoc est à
4,080 mètres. La mine du Potosi a été exploitée
à une hauteur supérieure au sommet du Mont-

Blanc, et le pays qui l'entoure est froid, aride, affreux, inaccessible. C'est la Sibérie sous l'équateur; la Sibérie sans ses forêts, qui offrent à la métallurgie un combustible inépuisable ; la Sibérie sans ses plaines aisées à parcourir; la Sibérie sans ses fleuves qui donnent pendant l'été un mode de communication fort économique ; la Sibérie sans ses étés, où la longueur extrême des jours peut mûrir aisément d'abondantes moissons.

Quant au gouvernement du pays, on suivait un système politique très restrictif. Toute l'autorité était entre les mains de personnes nées dans la métropole. A cet égard, les fils des Espagnols, du moment qu'ils étaient nés au Mexique, étaient en suspicion. De là une rivalité et une hostilité sourde entre les Espagnols d'Europe, qu'on nommait les *gachupines*, et les Espagnols américains, qu'on appelait *criollos* (créoles). Le succès de l'insurrection des Etats-Unis contre leur métropole, succès dû en grande partie à l'habitude qu'ils avaient apportée de la mère-patrie de se gouverner eux-mêmes, n'avait pas encouragé la cour de Madrid à se départir de sa politique ombrageuse. Il l'avait rendue plus sobre encore de toute attribution de pouvoir à des Mexicains.

En somme, le Mexique prospérait sous le régime colonial; particulièrement durant les trente ou quarante dernières années, le progrès avait été rapide. L'instruction s'y répandait, de même que les arts et le luxe. Comment donc fut-il amené à rompre les liens qui l'attachaient à la métropole? Les idées de la révolution française y avaient très médiocrement pénétré. Si elles s'y étaient frayé quelque passage, elles y paraissaient sommeiller. L'exemple des Etats-Unis, le spectacle de la prospérité et de l'importance qu'ils avaient acquises à la faveur de l'indépendance, excitait,

par le voisinage, l'attention des hommes, en petit
nombre, qui réfléchissaient. Les monopoles ex-
cessifs que s'était réservés la mère-patrie, cau-
saient du déplaisir; son système restrictif en
matière de commerce, malgré les satisfactions
accordées en 1778, entretenait, par comparaison,
un certain mécontentement. La préférence ex-
clusive qui était systématiquement accordée aux
natifs d'Espagne nourrissait au fond des cœurs
des sentiments de jalousie qui devaient éclater
quelque jour. Tout, pourtant, était paisible et
soumis à la surface, lorsque l'entreprise de Napoléon sur l'Espagne, en 1808, ouvrit au Mexique, comme dans les autres colonies espagnoles,
un champ indéfini aux aventures.

Sur la nouvelle du détrônement de Charles IV
et de sa famille par l'empereur des Français, il
n'y eut pas d'hésitation. Ce fut partout, et dans
toutes les classes, une explosion d'enthousiasme
en faveur de l'antique dynastie. D'après tous les
témoignages, rien n'était plus sincère. C'était
pourtant de là qu'allait sortir la révolte et la
guerre civile. Quelle fut la cause du change-
ment? Ce fut un sentiment misérable, qui a
mêlé de bien des douleurs et de bien des désastres l'évolution, qu'accomplit notre civilisation
depuis soixante ans ; ce fut la vanité de caste,
une peste qui n'est pas encore au terme de ses
ravages. Dans l'organisation du mouvement en
faveur des princes de la maison de Bourbon, les
Espagnols de la Péninsule, aveugles et égoïstes
comme le sont presque partout, de nos jours, les
classes privilégiées du moment que leur privi-
lége est mis en question, s'opposèrent à ce que
les Mexicains exerçassent de l'autorité et fussent
par eux-mêmes quelque chose. Il était clair cependant qu'on ne pouvait se laisser gouverner
par la Péninsule, dont le gouvernement était
on ne savait où. L'éclipse des princes de la mai-

son de Bourbon était totale, elle était complétement acceptée par eux-mêmes. En cet état des
choses, n'était-il pas naturel que le Mexique se
gouvernât, au lieu d'être aux ordres d'une junte
péninsulaire qui tirait d'elle-même son mandat?

La municipalité de Mexico, composée princi-
palement de créoles, proposa donc de former une
junte mexicaine; on parla même d'une assem-
blée nationale. L'*audiencia* de Mexico, qui était
exclusivement formée de péninsulaires très ja-
loux de leur prérogative, accueillit le projet avec
hauteur. Le vice-roi Iturrigaray, au contraire,
s'y montrait favorable. L'*audiencia* le fit saisir
la nuit, dans son lit, le 15 septembre 1808, par
une troupe de péninsulaires, et enfermer dans
les prisons de l'inquisition. Tout ce qui était na-
tif d'Espagne applaudit à cet acte téméraire. Le
reste de la population, tous ceux du moins qui
osaient avoir un avis, le regardèrent comme une
insulte. Comme pour augmenter l'irritation des
esprits, ce fut l'*audiencia* qui reçut, quelques
mois après, de la junte d'Espagne, les rênes du
gouvernement. Le Mexique, jusque-là si calme,
fut désormais agité jusque dans ses fondements.
Des idées qui, depuis la fin du dernier siècle, sont
dans l'air que respirent tous les peuples de notre civilisation, mais dont on ne soupçonnait pas
l'existence au Mexique, germèrent dans les in-
telligences, et les passions se mirent à bouillon-
ner. Une explosion était inévitable. Ce fut un
prêtre, le curé Hidalgo, qui en donna le signal.

Don Miguel Hidalgo y Costilla était curé de la
petite ville de Dolores, dans l'intendance de Guanaxuato, dont les mines étaient alors si floris-
santes. C'était un homme capable, doué d'une
grande activité et d'une volonté forte. Il avait
cherché à répandre le bien-être parmi ses ouail-
les en leur enseignant quelques arts nouveaux,
quelques cultures nouvelles. Il leur avait appris

à élever des vers à soie, et ils y avaient réussi.
Il leur avait fait planter des vignes qui promet-
taient beaucoup. Un ordre vint de Mexico qu'on
eût à s'abstenir d'en faire du vin. C'était conforme
au système de restriction et de monopole dont
l'Espagne n'avait pas voulu se départir envers
les colonies. On dut obéir à cette injonction
vexatoire, mais Hidalgo en resta exaspéré, et il
n'avait pas cessé de couver des idées de ven-
geance, lorsqu'il apprit les événements de
Mexico. Il complota dès lors un soulèvement
avec trois officiers créoles de la garnison de
Guanaxuato. Le 16 septembre 1810, sur l'avis que
le complot était éventé, il prit son parti. Avec
l'aide de dix de ses paroissiens, il arrêta sept
Espagnols qui habitaient la ville de Dolores.
Vingt-quatre heures après, il avait autour de
lui une multitude de partisans. Le 17, il occupa
San-Felipe, ville de 16,000 âmes; le 18, San-
Miguel, ville de la même importance. Le 28,
il se présentait, avec le titre de capitaine-géné-
ral de l'Amérique, devant la ville de Guanaxuato, capitale de la province, et la sommait
de se rendre, en déclarant qu'il fallait que les
Espagnols vidassent le pays et y laissassent tous
leurs biens. Le lendemain, la ville était en son
pouvoir. Tous les Espagnols qu'on pût découvrir
furent égorgés, leurs maisons furent pillées et
démolies. Après ces cruautés, Hidalgo se remit
en marche avec une armée de 50,000 hommes,
presque tous mal armés et mal exercés. Cependant des régiments entiers d'infanterie et de ca-
valerie créole passaient à lui. Il s'avança ainsi
jusqu'aux portes de la capitale, et remporta une
victoire à Las Cruces; mais ensuite, n'osant pas
attaquer la place, que défendait une formidable
artillerie, il s'en écarta, et le 10 novembre, il
fut mis en déroute dans la plaine d'Aculco par
l'armée régulière que commandait un bon offi-

cier, Calleja. Le 17 janvier suivant, il fut battu de nouveau au pont de Calderon, et la trahison d'un des siens, Elizondo, le livra, avec la plupart de ses lieutenants, le 21 mars. Il fut fusillé à la fin de juillet. Mais l'insurrection n'en fut pas abattue. Les épouvantables exécutions autorisées ou ordonnées par Hidalgo à Guanaxuato, à Valladolid, à Guadalaxara, avaient excité l'horreur de la majeure partie des créoles. Des créoles avaient été immolés en assez grand nombre à Guanaxuato avec les Espagnols. L'armée créole, d'abord indécise, et dont plusieurs régiments avaient même pris parti pour Hidalgo, avait été ainsi amenée à combattre pour la métropole. Tant il est vrai qu'en politique comme partout, malgré un mot célèbre, les crimes sont des fautes. La cause de l'indépendance était ainsi gravement compromise; mais elle conservait des défenseurs. Une junte élective, organisée par les soins de Rayon, un des chefs qui échappèrent à la trahison d'Elizondo, donnait de la consistance à l'insurrection et une apparence de régularité à ses efforts. Épars d'abord, ces efforts se concentrèrent bientôt sous la direction d'un autre curé, Morelos, qui avec des talents supérieurs à ceux d'Hidalgo, sut rester pur de violences. Morelos était un grandhomme; Calleja, dans un de ses rapports, l'appelle un second Mahomet.

Nous n'essaierons pas d'exposer ici même en raccourci la suite de la guerre de l'indépendance. Après de brillants succès, Morelos est défait et pris. On le fusille le 22 décembre 1815. De ce moment, jusqu'en 1820, les insurgés n'éprouvèrent plus que des revers. Le congrès que Morelos avait fait reconstituer fut dispersé par un des chefs de l'indépendance, le général Teran. Les généraux qui avaient échappé au fer de l'ennemi et au supplice, Victoria, Guerrero, Bravo, Rayon

et Teran lui-même, agissant isolément, furent,
malgré leur vigueur, débusqués ou réduits au
rôle de chefs de bandes dans les montagnes. Le
jeune Mina, qui d'Europe vint par les États-
Unis pour aider les insurgés avec quelques cen-
taines d'hommes, échoua misérablement. Débarqué le 15 avril 1817, il fut pris et périt fusillé, le 11 novembre, car, dans cette horrible
guerre, presque jusqu'à la fin, on fusille toujours les prisonniers. Les hommes qui jugent les
choses par la surface purent croire alors que
l'autorité de la métropole était définitivement
rétablie. Le vice-roi Apodaca l'annonça à la
cour de Madrid. Apparence trompeuse. Le pays
s'était habitué à l'idée de l'indépendance. Il fallait qu'il l'eût. Quand l'Espagne, en 1820, eut
repris la constitution de 1812, un officier créole,
qui avait jusque-là rendu les plus grands services au drapeau de la métropole, qui, dans son
dévouement à la cause de l'Espagne, avait souillé
ses lauriers par d'inexplicables cruautés, le général Iturbide arracha sa patrie à la domination de
la Péninsule. Soit qu'il vît que le gouvernement
métropolitain était désormais impossible, soit
ambition personnelle, il résolut d'employer les
moyens que lui avait confiés le vice-roi pour la
suppression de la constitution au Mexique, à assurer le triomphe de la cause qu'il avait com-
battue jusque-là. Le 24 février 1821, il proclama
son programme dans la petite ville d'Iguala;
c'est ce qu'on nomme le *Plan d'Iguala*. Peu à
peu, il rallia à lui tout le Mexique, à l'exception
de la capitale où le vice-roi se tenait enfermé
avec ses troupes. Un nouveau vice-roi, envoyé par
les constitutionnels, O'Donoju, débarquant à ce
moment, sanctionna le plan d'Iguala par le
traité de Cordova, le 27 septembre 1821. Il pensa
que c'était le seul moyen de conserver les droits
des princes espagnols sur le Mexique. Il avait

raison, c'était tout ce que l'Espagne pouvait obtenir.

Le plan d'Iguala était en effet une transaction bien conçue entre les indépendants et les partisans de la métropole. Il établissait l'indépendance et faisait du Mexique une monarchie constitutionnelle dont le souverain devait nécessairement résider dans le pays. Ferdinand VII était appelé à porter la couronne, expressément à charge de résidence ; à son défaut, on devait l'offrir aux infants don Carlos et don François de Paule, et, sur le refus de ceux-ci, à quelque membre d'une des maisons régnantes de l'Europe. La religion catholique devait être la seule religion reconnue : de cette manière Iturbide s'assurait le concours du clergé, et il ne heurtait les idées de personne. Toutes les distinctions de race et de caste devaient être abolies. C'était rendre hommage au principe de l'égalité devant la loi, qui est le cachet distinctif de la civilisation moderne, et par là on s'assurait le concours de la population indienne.

Bien inspirée, l'Espagne aurait ratifié le traité signé par O' Donoju, et à cette heure il y aurait vraisemblablement au Mexique une monarchie constitutionnelle du genre de celle qui subsiste au Brésil et qui y fait convenablement les affaires du pays. Mais les Cortès d'Espagne, par leur décret du 13 février 1822, déclarèrent le traité de Cordova nul et non avenu. En cette circonstance l'Espagne ne fut pas la seule à se tromper. La France elle-même manqua à sa mission. Il n'y a pour la France qu'une politique : elle est le coryphée, l'imitateur, le protecteur naturel des États catholiques, des peuples latins ; c'est là qu'est son rôle et qu'elle doit chercher sa grandeur. Telle fut la politique de Richelieu et de Louis XIV, et si l'empereur Napoléon eût voulu s'y contenir, il se serait épargné ainsi qu'à nous-mêmes de grands désastres. La France, dont les rois étaient les chefs de la maison de Bourbon, avait à intervenir dans le débat entre l'Espagne et le Mexique afin de le terminer, à l'avantage des deux parties, et si même l'Espagne se fût obstinée dans le refus, la France était autorisée par ses traditions à prendre la haute main dans l'affaire; mais il n'y avait plus de politique française alors; il n'y avait que des tâtonnements sans suite au dehors et des velléités contre-révolutionnaires au dedans. Le cabinet des Tuileries laissa échapper cette belle occasion, et le Mexique se détacha du giron de la civilisation latine, pour se lancer dans des régions inconnues où il devait recueillir des désappointements et des calamités.

Hors du plan d'Iguala, de longtemps rien n'était possible que des essais éphémères. Iturbide, que cette conception avait rendu le plus populaire des chefs mexicains, se fit proclamer empereur, le 18 mai 1822. Il n'ayait ni la force ni le prestige qu'il faut pour fonder une dynastie, et le 11 mai 1823, il s'embarquait, condamné à l'exil, pour Livourne avec une pension de 25,000 piastres que lui faisait le Congrès en souvenir de ses services. Le 4 octobre 1824 fut proclamée une constitution délibérée en congrès, par laquelle les Mexicains, repoussés de ceux dont l'intérêt et le devoir eussent été de leur ouvrir les bras, copiaient servilement, presque de tout point, le système démocratique et fédératif des États-Unis. On se croyait dans une position parfaitement semblable; on venait de secouer par une guerre glorieuse le joug de l'Espagne, tout comme les Américains du Nord s'étaient soustraits, un demi-siècle auparavant, à la domination britannique. On en concluait, par un raisonnement fort téméraire, qu'on arriverait à la même prospérité en suivant d'une manière absolue les mêmes errements. N'avons-nous pas, nous, cru en 1793 que les lois de Lycurgue et de Minos, faites pour des peuplades grossières et féroces, devaient servir de type à notre législation ? — Le sol mexicain fut ainsi découpé en États qui furent investis des prérogatives de la souveraineté comme le sont ceux de l'Union américaine, qui avant l'indépendance étaient gouvernés séparément. Un gouvernement central fut institué à Mexico, sur le modèle de celui de Washington. Cette importation de toutes pièces d'une constitution étrangère qui n'avait au Mexique aucun appui dans le génie national ni dans les traditions, ne pouvait qu'engendrer la confusion et l'anarchie. Telle fut en effet la vie du Mexique pendant plusieurs années. L'Espagne, par ses prétententions affichées de reconquérir le pays, comme si dans l'épuisement où elle se trouvait alors aucun effort lui était possible, y entretenait les passions publiques, et occasionnait de nouveaux malheurs.

A la fin de 1828, à la suite de tiraillements entre le parti qui représentait avec emportement l'indépendance avec ses passions (les *Yorkinos*) et celui dans les rangs duquel se faisaient trop remarquer les partisans de l'Espagne (les *Écossais*), une émeute, dont l'objet avoué est l'expulsion des péninsulaires, éclate dans la capitale. On se bat à outrance, on pille, on saccage les maisons. L'insurrection remporte enfin la victoire, et un décret proscrit tous les natifs de la péninsule. Du même coup le président de la république mexicaine est dépossédé, et le général Guerrero, patriote exalté, est mis à sa place. Comme si l'Espagne avait eu à cœur de justifier ce fatal décret de proscription, quelques mois après, une expédition préparée de longue main met à la voile de Cuba et débarque, à Tampico,

une armée espagnole qui est complétement battue par le général Santa-Anna. Ce fut la dernière tentative de l'Espagne.

L'expulsion des Espagnols priva le Mexique
de ce qu'il avait de plus entendu dans les affaires commerciales et dans l'administration. Elle
lui enleva aussi beaucoup de capitaux, car c'é-
taient assurément les habitants les plus riches.
A cette époque le désordre fut à son comble.
Le travail languissait dans les mines et dans
l'agriculture. Il n'y avait plus aucune sécurité.
Les routes étaient infestées de voleurs et de
brigands. On n'était pas en sûreté, même chez
soi, à Mexico. Le trésor public épuisé ne faisait
plus honneur à ses engagements. Le budget était
en déficit, l'armée en désorganisation. Dans le
commerce, on empruntait sur le pied de 1 1/2 à
2 p. 0/0 par mois. Les monuments tombaient
en ruines. Le port de Vera-Cruz faisait pitié à
voir, avec son môle à demi emporté par la vague, avec les carcasses des navires de guerre
de la flotte mexicaine, qui, échoués, y apparais-
saient comme des récifs.

La constitution démocratique et fédérative de
1824 avait contre elle les classes riches, le clergé,
et, ce qui est plus fort qu'aucune catégorie de
personnes, le bon sens. Le général Santa-Anna,
devenu le maître, en 1833, fit proclamer, en
1835, par l'intermédiaire d'une révolte (*pronun-
ciamento*), le *Plan de Toluca*, qui devint la base
de la constitution centraliste de 1836, par laquelle on a aboli les gouvernements des États,
et a fait de ceux-ci de simples départements.
En 1842, à la suite d'un de ces *pronunciamentos*
qui désolaient périodiquement la république, le
Plan de Tacubaya triomphe, et Santa-Anna ren-
tre au pouvoir investi d'une dictature de fait.
Un congrès se réunit pour refaire la constitution, mais sans résultat. Santa-Anna le dissout

et convoque une junte de notables, qui, le 13 juin 1843, proclama une constitution nouvelle sous le titre de : *Bases de l'organisation politique de la république mexicaine.* Par cet instrument, l'élection directe a été remplacée par l'élection à deux degrés, et des conditions de propriété passablement rigoureuses sont attachées à l'exercice du droit de suffrage. C'est , comme on le voit, l'abolition du régime démocratique.

Santa-Anna, depuis lors, a été exilé. Il est retourné dans sa patrie pendant la grande guerre des États-Unis, dont nous allons dire un mot, et il a bravement combattu pour repousser l'invasion ; mais il a dû, à la paix, quitter le pays. Le président actuel, légalement élu, est le général Arista, qui, lui aussi, a connu l'exil, et qui en a rapporté, à ce qu'on assure, une appréciation saine des avantages de la civilisation et des améliorations que sa patrie réclame.

Les révolutions du Mexique ont été accompagnées de démêlés avec l'étranger, qu'il n'est pas possible de passer sous silence ; car on peut y trouver des présages pour l'avenir de ce beau pays. Nous ne nous arrêterons pas à la guerre avec la France, qui, en 1838, fut l'occasion d'un brillant fait d'armes , le bombardement et la prise de la citadelle de St-Jean-d'Ulua par l'escadre française que commandait l'amiral Baudin. Les deux guerres que le Mexique a eues avec les États-Unis ont été plus sérieuses, moins encore par leurs conséquences directes que parce qu'elles ouvrent, pour une époque prochaine peut-être, une perspective menaçante pour le Mexique. La première de ces guerres fut celle du Texas. Le cabinet de Washington n'y prit point de part ostensible : mais il favorisa les Texiens insurgés de tout son pouvoir. Il laissa les citoyens des États de l'Ouest se porter en masse à leur secours, et la ville de la Nouvelle-Orléans leur servir de magasin, d'arsenal et de lieu de recrutement.

Sous le régime colonial, en 1821, des Américains du Nord avaient été autorisés à s'établir dans la province du Texas, alors déserte. On pouvait prévoir que des citoyens des États-Unis ne se prêteraient pas longtemps à subir des lois faites dans un esprit tout différent du leur, et que, dès qu'ils se sentiraient forts, ils se déclareraient indépendants. Pendant l'anarchie qui suivit le renversement de la domination espagnole au Mexique, les changements successifs de gouvernement, les injonctions contradictoires et les procédés sommaires d'autorités improvisées, devaient extrêmement déplaire à ces gens d'origine anglo-américaine, qui, aux États-Unis, n'avaient connu rien de semblable. Il y eut donc une vive mésintelligence entre eux et le gouvernement de Mexico ou ses agents. L'imminence d'une constitution centraliste, qui eût entièrement fait d'eux des administrés directs de Mexico, acheva de les décider. Les hostilités éclatèrent à la fin de 1835. Le 21 avril 1836, Santa-Anna, qui était venu en personne commander l'armée, fut mis en pleine déroute sur les bords du San-Jacinto, et resta prisonnier entre les mains des Américains. Il s'en est suivi l'indépendance du Texas, qui, depuis, est entré, avec un très vaste territoire ravi aux Mexicains, dans l'union américaine.

Ce premier démembrement devait bientôt être suivi d'un autre. La démocratie des États-Unis, sentant ses forces, était devenue ambitieuse de s'agrandir. Ce n'était pourtant pas le territoire qui lui manquait. Le sol qui lui appartient est si vaste, qu'elle eût pu décupler en nombre sans y être à l'étroit. Mais elle a voulu avoir un large accès vers l'Océan Pacifique. Il semble qu'un vague pressentiment l'avertisse qu'il doit s'accomplir dans cet immense bassin, justement nommé par excellence le Grand-Océan, des évènements inouïs. La Californie excitait son appétit, non à cause de l'or, qu'on n'y soupçonnait pas encore, mais à cause de l'admirable port de San-Francisco, qui est admirablement situé sur l'Océan Pacifique, et dont l'apathie des Mexicains ne tirait aucune utilité pour le monde civilisé, ni pour eux-mêmes. Après qu'on eut réclamé avec hauteur et obtenu la part qui pouvait revenir à l'Union américaine d'un territoire spacieux, l'Orégon, qu'on possédait sur cette mer, indivis avec la Grande-Bretagne, l'opinion populaire se montra préoccupée de la Californie. Les meneurs du Sud, qui étaient charmés que l'Union américaine débordât sur les régions méridionales pour y multiplier les États à esclaves, non contents d'avoir favorisé et provoqué la conquête du Texas, encourageaient vivement la démocratie dans ses desseins sur la Californie. Déjà le commodore Jones avait pris sur lui de planter le drapeau de l'Union à Monterey, capitale de la province; mais, désavoué par son gouvernement, il avait dû se retirer. Enfin, en 1846, sur un vain prétexte, au mépris du texte de la constitution américaine, et contre l'avis des citoyens les plus éminents de l'Union, qu'effrayait, pour les libertés mêmes de la patrie, l'ascendant de plus en plus marqué des idées d'entreprises militaires, on commença les hostilités contre le Mexique. L'armée américaine s'y couvrit de gloire sous la conduite du général Taylor au nord, du général Scott au midi. Mexico fut occupé, et le Mexique s'estima trop heureux d'obtenir une indemnité de quinze millions de piastres (80 millions de francs) pour la Californie et le Nouveau-Mexique, que les Anglo-Américains ont annexés à leur empire.

Voilà donc la situation actuelle du Mexique.

Dans l'intervalle de dix ans à peu près, il a été démembré deux fois par ses formidables voisins du Nord. Quel est l'avenir qui l'attend? Sera-t-il dévoré par l'envahissante démocratie de l'Union américaine, *pièce par pièce*, selon la prédiction de Jefferson? C'est dans l'ordre des évènements possibles, et à moins que les Mexicains n'aient redoublé d'efforts pour mieux exploiter leur territoire si riche et si admirablement situé et pour en faire tourner les avantages au profit du genre humain, leur asservissement par les Américains du Nord n'excitera que médiocrement, s'il arrive, le regret des autres nations. Ils auront mérité leur triste destin. Ou bien le Mexique serait-il réservé à subir le sort qu'ont éprouvé déjà quelques autres parties de l'Amérique, où les Indiens, les classes de sang mêlé, ou les rudes habitants de la campagne, se sont saisis de la domination que les blancs des villes ne savaient pas exercer? Deviendrait-il ainsi quelque chose comme un Haïti de Peaux-Rouges? C'est encore une des funestes issues qui sont ouvertes devant lui. Il est donc bien permis de s'alarmer sur l'avenir du peuple mexicain. Il n'a pas seulement contre lui certaines chances particulières comme celles que nous venons d'indiquer, il a de plus à redouter cette mauvaise chance générale que semblent avoir aujourd'hui contre eux tous les peuples d'origine latine, les peuples essentiellement catholiques. L'étoile de ce groupe de peuples pâlit visiblement de nos jours, devant celle de la civilisation d'origine germanique et de religion protestante, et même devant celle de la race slave. Ceux des Français qui ne se paient pas de mots s'en aperçoivent avec effroi pour le compte de leur propre patrie ; d'un regard inquiet ils cherchent à l'horizon des signes qui les autorisent à penser que la Providence n'a point définitivement décrété

notre décadence, qu'elle a seulement voulu nous
administrer un avertissement. Mais s'il y a lieu
de craindre, nous ne disons pas pour l'existence,
mais pour l'autorité, parmi l'aréopage que com-
posent les peuples civilisés en général, d'une nation telle que la nôtre, qui a fourni tant de preu-
ves éclatantes de sa vitalité, de sa force et de son
ascendant, et dont la puissance est un des éléments indispensables de l'équilibre du monde,
qu'est-ce donc pour un peuple qui n'a de vie
propre que d'hier, et envers lequel un redou-
table voisin a déjà contracté l'habitude de s'at-
tribuer celles de ses provinces qu'il trouve à sa
convenance, sans que dans le voisinage il existe
des tiers qui puissent réclamer de manière à
être écoutés?

9736 Paris, imp. de Maclde et Renou, rue Bailleul, 9-11.